CATALOGUE

DES

EAUX-FORTES

MODERNES

formant la Collection F. A. L.

Dont la vente aura lieu

à Paris, **HOTEL DROUOT**, Salle N° 10

Les Lundi 11 et Mardi 12 Mars 1907

à 2 heures précises

Par le Ministère de

Mᵉ MAURICE DELESTRE, Commissaire-Priseur

5, rue Saint-Georges

Assisté de M. LOYS DELTEIL, Artiste-Graveur, Expert

2, Rue des Beaux-Arts

(ci-devant, 22, rue des Bons-Enfants)

CONDITIONS DE LA VENTE

Elle sera faite au comptant.

Les adjudicataires paieront *dix pour cent* en sus des enchères.

M. Loys Delteil remplira les commissions que voudront bien lui confier les amateurs ne pouvant y assister ; il se réserve, en outre, la faculté de diviser ou de rassembler les lots.

MM. les amateurs pourront visiter la collection, *2, rue des Beaux-Arts*, du Jeudi 7 au Samedi 9 Mars, de 2 heures à 5 heures.

ORDRE DES VACATIONS

Lundi 11 Mars . . . . Nos 1 à 200

Mardi 12 Mars . . . . Nos 201 à la fin.

VIENT DE PARAITRE :

Le Peintre-Graveur Illustré

(XIXe & XXe SIÈCLES)

par

LOYS DELTEIL

TOME II consacré à CHARLES MERYON

et contenant la biographie du Maître, le Catalogue raisonné de son œuvre gravé et le fac-similé de toutes les pièces décrites

1 volume in-4° de [illegible] pages, orné de portraits de MERYON, de 154 fac-simile et d'une eau-forte originale de MERYON.

40 Exemplaires de luxe avec une eau-forte originale de MERYON (*Le Bain-froid Chevrier*). . . . . **Épuisés**

400 Exemplaires avec l'eau-forte de MERYON . . **25** francs

200 — sans l'eau-forte. . . . . **20** —

EN PRÉPARATION :

TOME IIIe consacré à INGRES et à EUG. DELACROIX

EN SOUSCRIPTION, chez M. LOYS DELTEIL

Pour paraître le 10 Avril 1907

ÉDITIONS DU PEINTRE-GRAVEUR ILLUSTRÉ

L'ŒUVRE LITHOGRAPHIQUE

DE

FANTIN-LATOUR

Catalogue Complet de ses lithographies reproduites et réduites par le procédé héliographique de J. BOYER

1 album de format in-folio, offrant, par le meilleur des procédés et dans les dimensions les plus grandes possibles, la reproduction de toutes les lithographies de FANTIN-LATOUR.

Cet ouvrage, tiré sur très beau papier, est limité à 125 exemplaires numérotés, dont 100 seulement seront mis dans le commerce.

Prix de l'Exemplaire. . . . . **100** francs

DÉSIGNATION

ABRAHAM — BERNIER — CHABRY

1. Dix paysages par Abraham, Beauvais, Bernier et Chabry. Belles épreuves.

ACHARD (J.)

2. Sept paysages. Très belles épreuves.

APPIAN — MICHELIN — FRANÇAIS, etc.

3. Douze paysages. Belles épreuves.

BARILLOT (Léonce)

4. Les Oies — Cour de Ferme — Chevaux à la porte d'une écurie — Bœufs à la Mare, etc. Six pièces. Très belles épreuves, *avant la lettre*.

BASTIEN-LEPAGE (J.)

5. Watelet, 1883 (B. 4). Très belle épreuve. Rare. On y a joint le p[t] de B. Lepage, par L. Flameng. Deux pièces.

BELLÉE (H. L. de)

6. Six paysages. Belles épreuves. Rares.

BESNARD (P. Alb.)

7. La Malade — La Convalescente. Deux pièces. Belles épreuves.

BIDA (Alexandre)

8. Son portrait — Scènes d'Orient. Huit pièces rares.

9. Neuf vignettes pour *Aucassin et Nicolette*, y compris plusieurs pl. inédites.

BOILVIN (Emile)

10. Agacerie, 1re et 2e planches. Très belles épreuves, la seconde sur japon, *signée*.

11. Douze têtes de Femmes, décors d'assiettes pour Haviland. Suite complète, très rare.

12. La grande Baigneuse. 2 états. Belles épreuves.

13. Assemblée dans un Parc, d'apr. A. Watteau. Deux très belles épreuves d'état, une à l'*eau-forte pure*.

14. Le Château de cartes — Les Bulles de savon. Deux pièces d'ap. Drouais, se faisant pendants, *avant la lettre, signées*.

15. Bacchus et Ariadne, d'apr. Ranvier. Très belle épreuve, *avant la lettre*, sur japon.

16. Sujets divers et Vignettes pour Mme Bovary, F. Coppée, etc. Belles épreuves, *avant la lettre*.

17. Dix-huit pièces *avant la lettre*, d'après les maîtres. Très belles épreuves.

BONNAT (L.)

18. Lutte de Jacob avec l'Ange, 2 états — Dumas fils — Renan — Bonnat — Gambetta. Six pièces.

BOUCHER (d'après F.)

19. Scènes pastorales. Deux pièces par Champollion, se faisant pendants. Très belles épreuves, *avant la lettre*, sur japon.

20. Neuf pièces *avant la lettre*, par Boilvin, Courtry, Champollion, etc. Belles épreuves.

BRACQUEMOND (F.)

21. Baudelaire, d'apr. Deroy (B. 11) — Bérard (16) — Delacroix (Eug.) (27). Trois pièces. Belles épreuves.

22. Bosch (J.) (18). Très belle épreuve du 1er état, sur japon.

23. Le même portrait. Très belle épreuve *avant la lettre*, sur japon.

24. Bracquemond (P.), fils de l'artiste (19). Très rare.

25. Carnot (Sadi), 1re pl. d'étude. Très rare.

26. Carnot (Sadi) 2e pl. d'étude. Deux états différents. Rares.

27. Carnot (Sadi) pl. définitive, deux épreuves d'état.

28. Comte (Auguste), d'après J. Guichard (22-23). Deux belles épreuves, une sur Japon.

29. Delzant (Alidor). Deux très belles épreuves d'état : dans l'une, la tête seule est terminée.

30. Desforges de Vassens (28). Très belle épreuve.

31. Dubouché (31). — Fernand, acteur (43). — Fillon (B.) (44). — Houssaye (H.), enfant (64). Quatre pièces. Belles épreuves.

32. Echérac (d') (37) Très belle épreuve sur Japon.

33. Edwards (E.) (38), 2 états. Très belles épreuves.

34. Gautier (Théophile) (50). Deux belles épreuves des 3e et 6e états.

35. Granger (Mme), d'apr. Ingres (56). Très belle épreuve du 1er état.

36. Kean (Ch.) (66) — Lafond (A.) (69). — Legros (73). Trois pièces.

37. Leland (Ch.) (74). Très belle épreuve.

38. Meyer-Heine (80). Très belle épreuve, *avant la lettre*.

39. Robert (Louis) (94). Deux très belles épreuves des 1er et 2e états, une sur Japon.

40. Tripier (le D[r]) (96), 3 très belles épreuves, 1er, 2e et 4e états, très rares.

41. Le Pêcheur et les deux enfants (120). Belle épreuve.

42. Paris la nuit (145). Belle épreuve sur Japon.

43. Les Canards l'ont bien passée (154). Très belle épreuve sur Japon.

44. Bachots au bord de la Seine (161). Très belle épreuve. Très rare.

45. Nymphe couchée au bord d'un ruisseau (164). Très belle épreuve.

46. Le Bachot amarré (173). Belle épreuve. Rare.

47. La Seine vue de Passy (183). Très belle épreuve. Très rare.

48. La Seine au Bas-Meudon (187). Deux très belles épreuves, une du 1er état.

49. La Scierie du Bas-Meudon (188). Très belle épreuve.

50. La pêche à l'épervier (189). Très belle épreuve.

51. Les Saules des Mottiaux (190). Très belle épreuve sur Japon.

52. Le Canot a voile ponté (194). Très belle épreuve.

53. Siège de Paris, suite de 5 pl. (197-201). 1ers et 2es états, soit dix pièces. Très belles épreuves.

54. La Tamise à Limehouse (203). — Jardin de l'auberge de Dulwich, 2 états (204). — Wolwich (205). Quatre pièces. Belles épreuves sur Japon.

55. Le Chemin des Coutures, à Sèvres (208). Très belle épreuve.

56. Grand croquis de paysage, avec un essai de Gavarni, portrait de Balzac (160). — Deux études de paysages (209-210). 1er état, *avant le cuivre coupé*, très rare. Très belles épreuves.

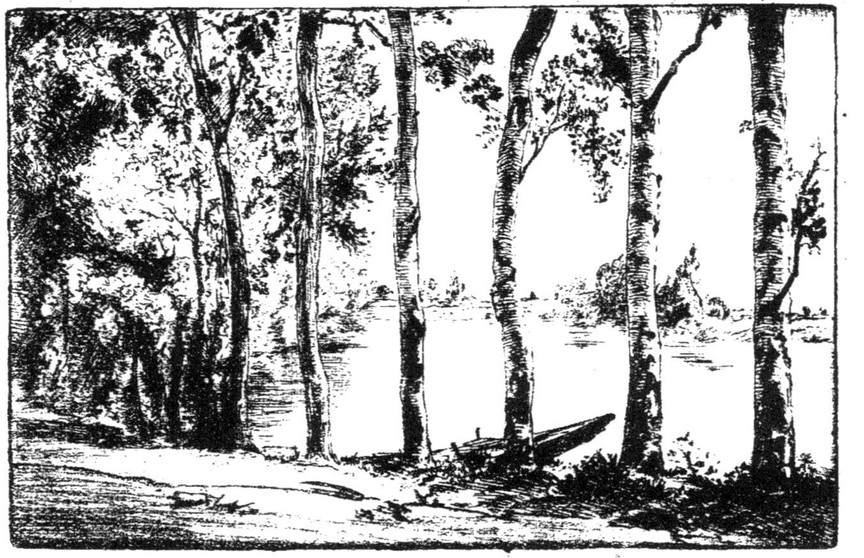

N° 62 du Catalogue.

57. Il pleut à verse ! (212). Deux belles épreuves d'état différent, sur Japon.

58. La Terrasse de la villa Brancas (215). Très belle épreuve du 1er état.

59. La même estampe, très belle épreuve *avant la lettre*, sur Japon.

60. Vue du Pont des Saints-Pères (217). Très belle épreuve du 1er état.

61. La même pièce. Très belle épreuve *avant la lettre*, sur Japon.

62. Trembles au bord de la Seine (218). Très belle épreuve d'essai.

63. La Nuée d'orage (219). Très belle épreuve du 1er état, au *ciel blanc*, sur Japon.

64. La même estampe. Très belle et très rare épreuve avec le ciel, mais *avant* les rayons lumineux, teintés. Sur Japon.

65. La même estampe. Très belle et très rare épreuve *avant* que le ciel n'ait été changé. Sur Japon.

66. La même estampe. Belle épreuve, le ciel regravé.

67. Le Lapin de garenne (220). Très belle épreuve.

68. Les Mouettes (223). Très belle épreuve d'état, sur Japon.

69. Coucher de soleil. — Le cheval blanc. Deux pièces, d'après Corot (251-252). Belles épreuves, sur Japon.

70. La Source, d'apr. Ingres (275). Très belle épreuve, sur Japon.

71. Tête de jeune Taureau, d'ap. Rosa-Bonheur (276), état. — Jeune Femme en costume espagnol, d'après Manet (279). — Iles du Rhin, d'apr. G. Jundt, 2 épr. (284). Quatre pièces. Belles épreuves.

72. Le Lièvre, d'apr. A. de Balleroy (277). Très belle épreuve d'essai.

73. Etude, d'après Turner (336). Très belle épreuve.

74. Labor ou le Paysan à la houe, d'apr. Millet (345). Très belle épreuve *avant la lettre*, sur Japon.

75. Puiseuses d'eau, d'apr. Millet (785). Belle et très rare épreuve *avec la remarque inédite*, sur parchemin.

76. Le Nouveau né, d'apr. Millet (786). Très belle épreuve d'état, *avec remarque*.

77. Le Printemps, d'apr. Millet (787). Très belle épreuve d'état, *avant la remarque*.

78. Automne, d'apr. Millet (788). Très belle et rare épreuve, *avec la remarque inédite non modifiée*.

79. David, d'apr. G. Moreau (348). Très belle épreuve d'essai, sur Japon.

80. La Rixe, d'apr. Meissonier (349). Très belle épreuve d'état, sur Japon.

81. Décorations pour fonds d'assiettes (555-560). Suite complète de 6 pl. Très belles épreuves, très rares.

82. Service grand feu : décorations pour fonds d'assiettes (580-609). Suite complète de 18 pl. Très belles épreuves.

83. Décors pour assiettes. Six pl. in-fol. rares.

84. Don Juan et le Pauvre (752). Lith. rare.

85. La Mer (780). Très belle épreuve d'état, sur Japon.

86. Partie perdue, d'apr. E. Meissonier (793). Très belle épreuve d'état, sur Japon.

87. La même estampe. Superbe et rare épreuve, *avec la remarque gravée par E. Detaille, signée*. Sur Japon.

88. Le Lion amoureux, d'apr. G. Moreau (797). Très belle épreuve d'état, sur parchemin.

89. La Cigale et la Fourmi, d'après le même (801), pl. *inédite, à l'état d'eau forte*, tirée à quelques épreuves seulement.

90. Le Coq Gaulois. Très belle épreuve avec les mots : *Semaine Russe...*, sur Japon.

91. Une Allée, Parc de Saint-Cloud. Très belle épreuve *avant le nom*.

92. La Poule aux Œufs d'or, menu. Trois épreuves, une *coloriée* par l'artiste, une autre *imp. en couleurs*.

93. Faisans, 1898. Très belle épreuve d'état.

94. L'Arc-en-ciel. Une très belle épreuve d'essai. Sur Japon.

95. L'Exposition Universelle de 1900, gr. in-fol., en collaboration avec Waltner. Très belle épreuve sur Japon.

96. Sujets divers. Huit pièces.

97. Sujets divers et Paysages. Dix pièces.

98. Sujets divers et Paysages. Seize pièces.

99. Vignettes, menus, remarques, etc. Dix-sept pièces.

BRACQUEMOND (Mme F.)

100. La Femme à l'éventail. Très belle épreuve sur Japon.

BRETON (Jules)

101. Son Portrait, par lui même. — Communiante. — Le village de Courrières. Trois eaux-fortes originales (remarques), sur parchemin ou Japon.

BRUNET-DEBAISNES (A.)

102. St-Pierre de Caen. Belle épreuve d'essai.

BUHOT (Félix)

103. La Ronde de nuit (G. B. 70). — L'Orage, d'après Constable, 3e état (145). — Vignette pour le Chevalier Destouches, essai (91). — Adresse de Labric, 3 motifs (83). — Cochons au soleil, état (64). Cinq pièces. Belles épreuves, deux sur Japon.

104. Les Gardiens du logis (76). Très rare épreuve, le cuivre *non coupé.*

105. Une matinée d'hiver au quai de l'Hôtel-Dieu (123). Très belle épreuve du 2e état, *signée.* Sur Japon.

106. La même estampe. Très belle épreuve du 3e état, avec *croquis.*

107. La Fête Nationale au Boulevard Clichy (127). Belle épreuve.

108. L'Hiver à Paris (128). Très belle épreuve.

109. La Place Pigalle en 1878 (129). Très rare épreuve du 2e état, tiré à 3 ou 4 épreuves.

110. La même estampe. Très belle épreuve du 4e état. Très rare.

111. Un Débarquement en Angleterre (130). Très belle épreuve, *non terminée*, avec les *croquis.*

112. La même estampe. Très belle épreuve avant l'écusson.

113. Une Jetée en Angleterre (132). Très belle épreuve, 1er état.

114. Les Voisins de campagne (148). Très belle épreuve, *avant la lettre, et avant les croquis de droite.*

115. Les petites Chaumières (149). Très belle épreuve.

116. Les grandes Chaumières (150). Très belle épreuve, *signée.*

117. Les Bergeries (151). Belle épreuve.

BURNEY (Eugène)

118. La Vierge et l'Enfant Jésus. — Ségur (Mgr de) d'apr. F. Gaillard. — La Dame au chien, d'apr. Baschet. Trois pièces. Belles épreuves.

CASSATT (Mary)

119. Au Théâtre. Belle épreuve.

CHAMPOLLION (E. A.)

120. Le Choix du Modèle, d'apr. Fortuny. Deux belles épreuves, *avant la lettre*, une du 1er état.

121. Le Menuet, d'apr G. Jacquet. Très belle épreuve, avec *remarque*. Sur Japon.

122. Partie de l'œuvre, 43 pl. d'apr. divers artistes, plusieurs en épreuves d'état.

CHAPLIN (Charles)

123. Dix pièces avant la l., par Ch. Chaplin, Boilvin, Courtry, Champollion, etc.

CHARDIN (d'après J. B. S.)

124. Portrait de Chardin et Sujets divers. Huit pièces, par Gery-Bichard, Courtry, Giroux, Los Rios. Belles épreuves *avant la lettre*.

CHAUVEL (Th.)

125. Paysages. Sept eaux-fortes originales. Belles épreuves.

126. Ville d'Avray, d'apr. Corot. Très belle épreuve *avant la lettre*.

127. *Changing Pastures*, d'apr. J. Dupré. Très belle épreuve, *avant la lettre*.

128. *Evening Glow*, d'apr. Heffner. Très belle épreuve, *avant la lettre*, sur parchemin.

129. *A Wet Roadside*, d'apr. Leader. Très belle épreuve, *avant la lettre*, signée.

130. *Autumn Leaves*, d'apr. Vicat-Cole. Très belle épreuve, *avant la lettre*, sur Japon.

131. Pins en Surrey, d'apr. Leader. Très belle épreuve, *avant la lettre*, sur Japon.

132. *A Wet Roadside*, d'apr. Leader. Très belle épreuve, *avant la lettre*, sur Japon.

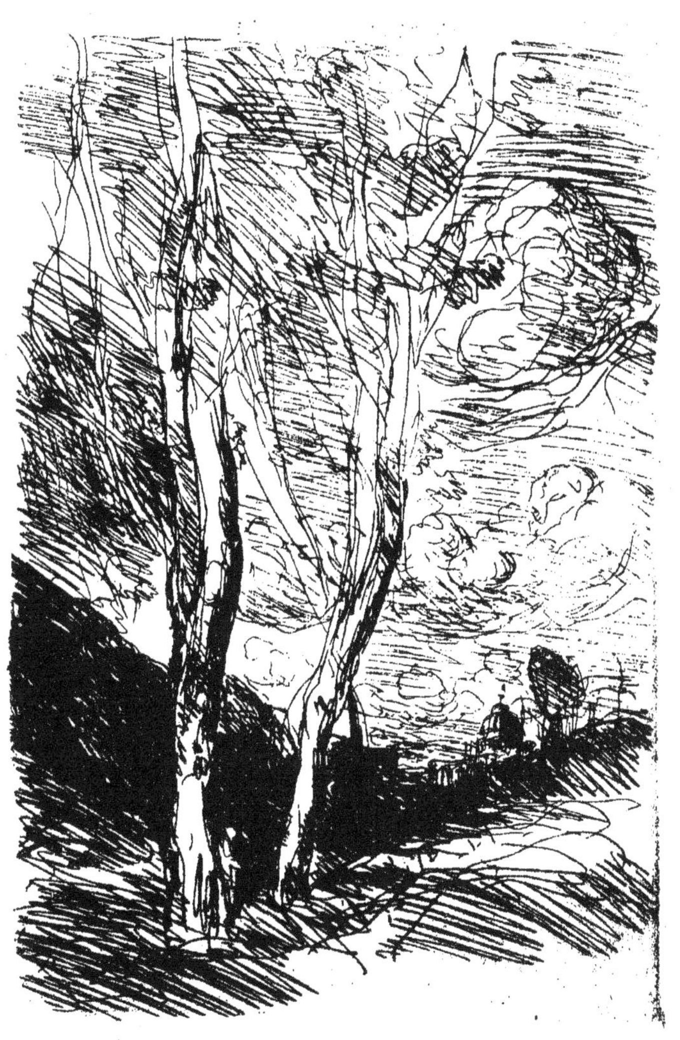

N° 142 du Catalogue.

133. L'Enigme, d'apr. Orchardson. Très belle épreuve sur Japon, *avec remarque*.

134. Connais-tu le pays, d'apr. Rolshoven. Très belle épreuve *avec remarque*, sur Japon.

135. Les deux Amants, vignette d'apr. Français, pour les *Contemplations*. — La Saulaie, d'apr. Dupré. — La Culture des tulipes, d'apr. Hitchcock. — Maison de paysan aux Vaulx-de-Cernay, d'apr. la baronne de Rothschild. — L'Etang, d'apr. Corot. Cinq pièces. Belles épreuves, *avant la lettre*, sur Japon.

CORMON. — LEFEBVRE. — GÉROME.

136. César mort, 2 états. — Fumeur égyptien. — Le Rêve, états. — La Tentation de St-Antoine, etc. Neuf pièces. Belles épreuves.

COROT (J. B. C.)

137. Souvenir de Toscane (A. R. S.). Très belle et rare épreuve, *avant la lettre*, les angles du cuivre *aigus*. Sur Japon.

138. Campagne boisée (8). Très belle épreuve, *avant la lettre*, sur Japon.

139. Dans les Dunes (9). Très belle et fort rare épreuve du 1er état, *avant l'astérisque*.

140. Vénus coupe les ailes de l'Amour, 1er et 2e pl. (10-11). Très belles épreuves sur Japon.

141. Souvenir des fortifications de Douai (12). Très belle épreuve sur Japon.

142. Le Dôme florentin (13). Très belle épreuve sur Japon.

143. Vingt pl., par Boilvin, Le Rat, Mongin, etc., d'apr. Corot, épreuve *avant la lettre*.

COURTRY (Charles)

144. Les Amateurs de gravure, d'apr. Meissonier (B. 36). Très belle épreuve d'état.

145. La même estampe. Très belle épreuve, *avant la lettre*, avec *remarque*, sur Japon.

146. La même estampe. Très belle épreuve *avant la lettre*, sur Japon, *signée*.

147. Hélène Forman, d'apr. Rubens. Superbe épreuve *avant la lettre*, sur Japon.

148. Entrez, Monseigneur ! d'apr. Aranda. Superbe épreuve *avec remarque* sur Japon, *signée*.

149. L'Etat-Major autrichien devant le corps de Marceau, d'apr. J. P. Laurens. Très belle épreuve d'essai, avec *remarque*.

150. Landes du bassin d'Arcachon, 1er état. — La Forêt, 1er état. — Vaches dans un pré. Trois pièces, d'apr. Van Marke. Très belles épreuves, *avant la lettre*.

151. Partie de l'œuvre, 91 pl., *avant la lettre*, plusieurs en épreuves d'état.

DAUBIGNY (C. F.)

152. Lever de lune. — Le Verger. — Le Marais aux cigognes, etc. Huit pièces.

DEGAS (Edgar)

153. Dans la coulisse. Très belle épreuve sur Japon.

154. Au Musée des Antiques. Belle épreuve.

DELACROIX (d'après Eugène)

155. Vingt pièces par Courtry, Waltner, Flameng, Boilvin, etc. Très belles épreuves, *avant la lettre*.

DELAUNEY (A. A.)

156. Notre-Dame de Paris. Deux très belles épreuves d'état différent.

157. L'Abside de Notre-Dame de Paris. Très belle épreuve.

158. Ruines du Palais des Tuileries. Trois pièces. Très belles épreuves.

159. Vues de Paris. Douze pièces. Très belles épreuves.

160. Neuf paysages (en largeur). Très belles épreuves, sur Japon.

161. Dix paysages (en hauteur). Très belles épreuves.

DESMOULIN (F.)

162. Dumas fils. — Renan. — Alexandre de Russie. — Pasteur. — Meissonier. Cinq pl. in-fol., sur Japon.

DETAILLE (Edouard)

163. Le Voyageur au coin du feu. Trois très belles épreuves, 1er, 2e et 3e états, sur Japon, rares.

164. Le Carrosse, d'après Meissonier. Deux très belles épreuves, 1er et 2e états, sur Japon.

165. A la baïonnette. — La Garde du Drapeau. Deux pièces. Très belles épreuves sur Japon.

166. En Egypte. — Attaque sous bois. Deux pièces. Très belles épreuves sur Japon.

167. Un Cosaque. — Paysan Alsacien appuyé à la barrière. Deux pièces. Très belles épreuves sur Japon.

168. Sentinelle autrichienne, 2 états. — Hussard de la 1re République. Trois petites pièces (remarques). Très belles épreuves, sur parchemin ou Japon.

169. Trompette de Dragons. — Le Postillon. — Croquis de deux Dragons. Trois pièces (remarques). Très belles épreuves, sur parchemin ou Japon.

DIAZ et DUPRÉ (d'après)

170. Dix-neuf pièces, par Boilvin, Greux, Gaucherel, Lalauze, Desbrosses, etc. Belles épreuves, *avant la lettre.*

DIDIER (Adrien)

171. Gounod, d'apr. Delaunay. Très belle épreuve *avant la lettre.*

DIVERS

172. Treize Vendémiaire. — Croquis, 2 eaux-fortes par Raffet. — Blue-Boy, par L. Flameng, d'après Gainsborough. — L'Été, par Champollion, d'apr. Lancret. Quatre pièces, les deux dernières *avant la lettre.*

173. Trente-cinq pl. par Calmelet, Fraipont, Legénisel, la plupart *avant la lettre.*

174. Quarante-huit pl. par Charlet, Gavarni, Piranesi, etc.

DORÉ (Gustave)

175. Les Joyeux ivrognes (H. B. 1). Très belle épreuve, 1er état.

176. Haquet de brasseur, à Londres (6). Très belle épreuve, 1er état.

177. Haquet de brasseur, à Londres (7). Très belle épreuve.

178. A la belle étoile, sur le pont de Londres (8). Très belle épreuve.

179. Une Mendiante à Londres, 2 pl. différentes (9). Très belles épreuves.

180. Misérables sur le pont de Londres (10). Très belle épreuve.

181. Misérables sur le pont de Londres, 2 pl. (11). Très belle épreuve.

182. Mendiant juif à Londres (12). Très belle épreuve.

183. La petite Mendiante (13). Très belle épreuve, 1er état.

184. Pauvresse à Londres (14). Très belle épreuve.

185. Marchandes de fleurs à Londres (15). Très belle épreuve.

186. Contrebandiers espagnols (16). Très belle épreuve.

187. Contrebandiers espagnols, 2 pl. (17). Très belle épreuve.

188. Les Joueurs de boules (19). Très belle épreuve.

189. La Charité, scène espagnole (22). Très belle épreuve.

190 Le Combat (25). — Lion couché (53). Deux pièces. Belles épreuves.

DUBOIS (Paul)

191. Portraits, eau-forte originale. Très belle épreuve.

EAUX-FORTES ORIGINALES

192. Sujets divers et Paysages. Dix pièces par Roybet, L. Leloir, L. Robert, Edw. Edwards, etc. Belles épreuves, *avant la lettre.*

193. Quatorze pièces par Buhot, Edm. Morin, Guillaumet, Gill, Bonington, etc.

194. Vingt pièces par Ballin, Héreau, Giacomotti, G. Jundt, E. Levy, etc. Belles épreuves.

195. Vingt-deux pièces par Worms, Servin, Delierre, etc. Belles épreuves.

196. Vingt-quatre pièces par E. Vernier, J. L. Brown, Hédouin, Penet, Dammouse, etc. Belles épreuves.

197. Vingt-six pièces par Kœpping, Bracquemond, J. Blanc, Guérard, Falguière, etc. Belles épreuves.

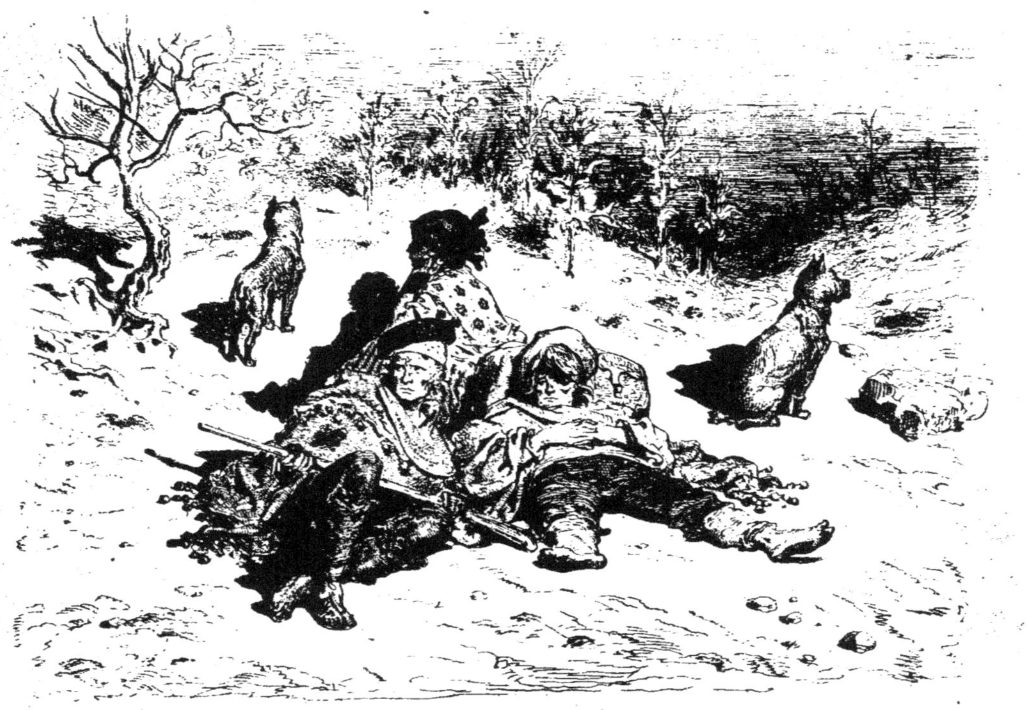

N° 187 du Catalogue.

FLAMENG (Léopold)

198. Copie de la *Pièce aux Cent florins*, de Rembrandt (218). Très belle épreuve, tirée sur *papier ancien*.

199. Sujets divers et Portraits, 8 pl. d'ap. Rembrandt, *avant la lettre*.

200. Portraits : Mouchy (D^sse^ de). — Lambert (Juliette). — Gaucherel (Mme). — Hédouin père. — Burty père. — Avery. — Flandrin (H.), etc. Vingt-deux pièces. Très belles épreuves, *avant la lettre*.

201. — Dix-neuf pièces d'apr. les maîtres anciens. Belles épreuves, *avant la lettre*.

202. Trente-neuf pièces d'apr. les maîtres modernes. Belles épreuves, *avant la lettre*, plusieurs en épreuves d'état.

203. Vingt pièces d'apr. Michel, Jongkind, Puvis de Chavannes, etc. Très belles épreuves, *avant la lettre*.

204. Onze vignettes pour Boccace, Molière, etc. Epreuves d'essai, une inédite.

FORTUNY (Mariano)

205. Arabe veillant le corps de son ami (H. B. 1.). — Kabyle mort (2). Deux pièces. Belles épreuves.

206. Sérénade (10). Très belle épreuve d'essai, sur Japon.

207. Anachorète (16). Très belle épreuve d'essai.

208. Cheval du Maroc (20). — Eglise St-Joseph à Madrid (21). — Méditation (23). — Diplomate (24). — Zamacoïs (25). Cinq pièces. Belles épreuves, *avant la lettre*.

209. La Victoire. — Garde de la Casbah. — Famille marocaine. — Maréchal ferrant, etc. Douze pièces. Belles épreuves.

FRAGONARD (d'après H.)

210. Sept pièces par Boilvin, Courtry, Monziès, Los Rios. Belles épreuves, *avant la lettre*.

GAILLARD (C. F.)

211. L'Homme à l'œillet, d'apr. Van Eyck (H. B. 25.). Très belle et rare épreuve, *avant la lettre*, *avec* le nom à la pointe. Sur Chine.

212. Tête de cire du Musée de Lille. — Œdipe et le Sphynx, d'apr. Ingres. — La Vierge d'Orléans, d'apr. Raphaël. — La Nuit, d'apr. Michel-Ange. — Pie IX. — Vernet (H.), d'apr. Delaroche. Six pièces.

GAUCHEREL (Léon)

213. *Le Vieux Périgueux, album de vingt gravures à l'eau-forte, par MM. Léon Gaucherel et Jules de Verneilh, avec un texte par M. Jules de Verneilh.* — Paris, 1867. — Collection complète en feuilles, couv. de publ. et texte.

214. 12 Costumes d'Italie d'après les Peintures de Barbault, 1750. — Paris, s. d. Collection complète en feuilles, sous couv. de publ.

215. Partie de l'œuvre, 63 pl., la plupart *avant la lettre*.

GAUJEAN (Eugène)

216. Portraits d'une Jeune Femme et d'un Enfant, d'apr. peintre anglais. Très belle épreuve, *impr. en couleurs*, avant la lettre, *signée*.

217. Treize pièces d'apr. Botticelli, Memling, Hals, Velasquez, Van Dyck, etc. Belles épreuves *avant la lettre*.

218. Dix-huit pièces, d'apr. G. Moreau, Baudry, Luminais, Henner, etc. Belles épreuves, *avant la lettre*.

GAVARNI

219. Gavarni, par Boilvin et Flameng. — Tête d'Androgyne. — Quelle tenue. — Le Repos, eaux-fortes originales. Cinq pièces. Très belles épreuves.

GILBERT (Achille)

220. Ving-trois pièces d'apr. les maîtres anciens et modernes. Belles épreuves, *avant la lettre*, plusieurs d'état.

GIROUX (Ch.)

221. Le Rêve, d'apr. Detaille, avant la lettre, *signé*.

GOYA (d'après F.)

222. Sept pièces par Bracquemond, Jacquemart, Hédouin, etc. Belles épreuves, *avant la lettre*.

GRAVEURS DIVERS

223. Sept pl. in-fol. par Waltner, Arentzen, Eguzquiza, etc.
224. Sept. pl. in-fol. par Jacquet, Giroux, Manchon, etc.
225. Huit pl. par Champollion, Haussoulier, Chenay, etc.
226. Seize pl. par H. Dupont, Waltner, Lançon, etc.
227. Douze pl. par Lenain, Leterrier, Courtry, etc.
228. Dix-sept pl. par Monziès, Manchon, Mallet, etc.
229. Treize pl. par Kratké, Maurou, Sulpis, etc.
230. Treize pl. par Didier, Buland, Mayeur, etc.
231. Vingt pl. par Veyrassat, Bichard, Delauney, etc.
232. Vingt pl. par Salmon, Teyssonnières, Penet, Masson, etc.
233. Vingt pl. par Lurat, Giroux, Los Rios, Jeannin, etc.
234. Vingt-deux pl. par Profit, Massard, Gravier, etc.
235. Vingt-trois pl. par Mouilleron, Pozier, Margelidon, etc.
236. Vingt-quatre pl. par Unger, Duvivier, Veyrassat, etc.
237. Vingt-cinq pl. par Damman, Avril, Carred, etc.

238. Vingt-deux pl. par Boulard, Boilot, Deville, etc.

239. Trente-cinq pl. par Courtry, Delaunay, Gaucherel, etc.

GRAVURES AU BURIN

240. Quatorze pièces par Bellay, Martinet, Boutelié, Danse, etc. Belles épreuves, *avant la lettre.*

241. Treize pièces par Girardet, Danguin, François, Huot, Morse, etc. Belles épreuves, *avant la lettre.*

GREUX (Gustave)

242. Trente-neuf pièces, *avant la lettre*, d'après divers maîtres.

GREUZE (d'après J. B.)

243. Sept pièces par Morse, Boilvin, Flameng, Hédouin, etc. Belles épreuves, *avant la lettre.*

HADEN (F. Seymour)

244. Kew, sur la Tamise (R. D. 73). Très belle épreuve, *signée.*

245. Le Troupeau de Daims (115). Très belle épreuve. On y a joint le portrait de S. Haden, par L. Flameng. Deux pièces.

HARPIGNIES (H.)

246. Portrait de l'artiste. — La Chaumière. — La Charette. Trois pièces. Belles épreuves.

HÉDOUIN (Edmond)

247. Portraits de Femmes, XVIIIe siècle (B. 49-50). — La Dame au chapeau, d'apr. Chaplin (57). Trois pièces. Très belles épreuves, *avant la lettre*, sur Chine ou Japon.

248. Paul et Virginie, suite complète de 7 pl., épreuves *avant la lettre.*

249. Vignettes pour Rousseau, Swift, Molière, etc. Vingt pl. *avant la lettre.*

250. Portraits et sujets divers. Vingt pièces. Belles épreuves.

HUET (Paul)

251. Château des Papes, à Avignon (H. B. 70). — Saulée aux environs de Paris (81). — Le Cavalier (86). Trois pièces. Belles épreuves.

252. Sept paysages. Belles épreuves.

253. Dix paysages. Belles épreuves.

JACQUE (Ch.)

254. La Maréchallerie (G. 208). Très belle épreuve *avec les trois chevaux*.

255. La Souricière. — Gardeuse de dindons, etc. 5 pl.

JACQUEMART (J.)

256. Tryptique Allemand du XIIe siècle (G. 3). — Bijoux antiques de la coll. Campana, 1 pl. — Médailles grecques (12). — Buste de Henri III (15). Trente pièces. Très belles épreuves *avant la lettre*, sur Japon.

257. Minerve de Besançon (16). — Armure de Gladiateur (18) — Miroir Français du XVIe siècle (21). — Armes du XVIe siècle (22). — La Canne de M. de Balzac (27). — Cuiller en argent, par Tiffany (394). Six pièces *avant la lettre*, deux sur Japon.

258. Bijoux du XVIe siècle (24). Deux pièces *avant la lettre*, sur Japon.

259. Les Gemmes et joyaux de la Couronne (125-184). Suite complète de 60 pl. Très belles épreuves.

260. Courrier du Pays des Ouled-Nayls, d'apr. Fromentin (267). — Le Soldat et la Fillette qui rit, d'apr. Vander Meer (268). — Heythuisen (W. van), d'après Hals (269). — Rembrandt, d'après lui-même (270). — Tête de vieillard, d'apr. Rembrandt (383). — L'Enfant prodigue, d'apr. D. Téniers, 2 états (386). — Tête de Christ, d'apr. L. de Vinci (315). — Moïse, d'apr. Michel-Ange (317). Neuf pièces. Belles épreuves, *avant la lettre*, plusieurs sur Japon.

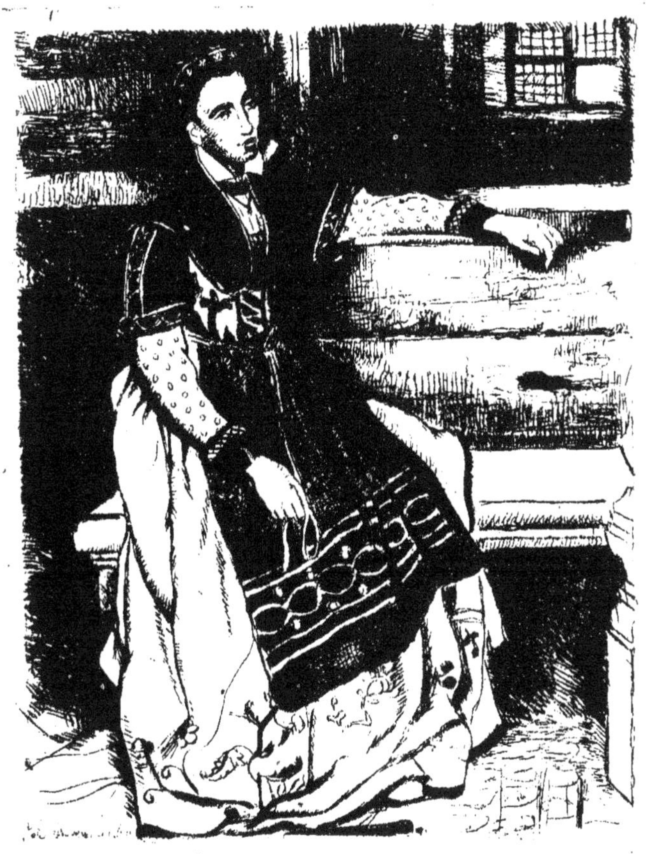

N° 301 du Catalogue.

261. Thoré (Th.), d'apr. David d'Angers (374). — Allou (M^e) (389). Deux pièces. Belles épreuves.

262. Objets d'art. Sept pièces.

263. Objets d'art. Dix pièces, plusieurs *avant la lettre*.

264. Portraits. Sujets divers. Reliures, 13 pl.

JACQUET (Achille)

265. En Reconnaissance, d'apr. Ed. Detaille. Très belle épreuve, *avant la lettre, avec remarque gravée par Detaille.*

266. La Fondatrice des Petites Sœurs des pauvres, d'apr. A. Cabanel. Belle épreuve, *avant la lettre,* sur chine, *signée.*

267. Jésus au Jardin des Oliviers. — La Résurrection. Deux pièces d'apr. A. Mantégna (parties gauche et droite d'une prédelle). Très belles épreuves d'essai, sur Japon.

268. Les Mois, d'apr. Cabanel, 12 pl. sur Chine.

269. Racine. — Martyre chrétienne. — Jeanne d'Arc, d'apr. P. Dubois, etc. 6 pl. *avant la lettre.*

JACQUET, LALAUZE, RAJON.

270. Le Printemps, d'apr. Millet. — La Convalescente, d'apr. Bida. — Conte de Grand-Mère. Trois pièces in-fol. *avant la lettre.*

JASINSKI (F.)

271. Le Miroir de Vénus, d'apr. Burne-Jones, 2 états. Très belles épreuves, une sur *parchemin, signée.*

JONGKIND (J. B.)

272. Batavia (L. Delteil 2). Belle épreuve.

KOEPPING (Karl)

273. Portrait de Femme, d'après Rembrandt (B. 9) — François Ier, d'après Titien (10) — Lucrèce, d'apr. Rembrandt (11) — Deux Enfants, d'apr. Liebermann (12). Quatre pièces. Belles épreuves, *avant la lettre.*

LAGUILLERMIE (F.)

274. L'Etat-major autrichien devant le corps de Marceau, d'apr. J. P. Laurens. Très belle épreuve *d'essai*, sur japon, *signée.*

275. Dix-huit pièces d'après divers maîtres, notamment d'après Vélasquez. Belles épreuves, *avant la lettre.*

LALANNE (Maxime)

276. Souvenir d'Italie, d'apr. Corot. Très belle épreuve sur japon.

277. Vues et paysages, 12 pl. Belles épreuves.

LALAUZE (Adolphe)

278. Entrée de Charles-Quint à Anvers, d'apr. H. Mackart. Deux très belles épreuves d'état, *l'une à l'eau-forte pure.*

279. La Halte, d'apr. Meissonier. Deux très belles épreuves d'état, une à *l'eau-forte pure.*

280. Vignettes pour le *Diable boiteux.* Huit épreuves d'essai, avec *annotations manuscrites* du graveur.

281. Portrait de Cervantès et 18 vignettes (sur 36), pour *Don Quichotte.* Très belles épreuves, *avant la lettre.*

282. Partie de l'Œuvre, 47 pl. *avant la lettre.*

283. Vignettes, 34 pl. *avant la lettre.*

LAMBERT (Eugène)

284. Sujets de chats, 6 pl. sur japon.

LAMOTTE (Alphonse)

285. Bonaparte au Mont-St-Bernard, d'apr. E. Detaille. Très belle épreuve d'état, *signée.*

LANCRET (d'après N.)

286. Le Printemps — l'Été. Deux pièces in-fol. par Champollion, se faisant pendants. Très belles épreuves, *avant la lettre*, sur japon.

LANÇON (Auguste)

287. Lion assis, 1881. In-fol. Très belle épreuve, *avec 2 remarques*, sur japon.

288. Lion se désaltérant — La Charrue. Deux pièces *avec remarques.*

289. Etude de lions. Huit pièces. Très belles épreuves, *avant la lettre.*

290. Etudes de tigres, lionnes, ours, singes, cerfs, chiens, etc. Vingt-deux pièces. Très belles épreuves, *avant la lettre.*

291. La Troisième Invasion (Guerre Franco-Allemande, 1870-1871), 159 pl., sur japon, y compris des états.

LAURENS (Jean-Paul)

292. La Pouparde (B. 1) — La Pieuvre (4) — Le Pape et le Christ. Trois pièces, une *signée.* Très belles épreuves.

LE COUTEUX (Lionel)

293. Dix-huit pièces, d'après Fromentin, Bastien-Lepage, Luminais, etc. Belles épreuves, *avant la lettre*, plusieurs d'état.

LEFORT (Henri)

294. Quatorze pièces, d'apr. des artistes anciens et modernes. Belles épreuves, *avant la lettre.*

LEGROS (Alphonse)

295. La Mort et le Bucheron (142). Belle épreuve, *avant la lettre.*

296. L'Incendie (144). Belle épreuve *avant la lettre.*

LE RAT (Paul)

297. Treize pièces d'apr. les maîtres anciens. Très belles épreuves, *avant la lettre*, plusieurs d'état.

298. Vingt-sept pièces d'apr. les maîtres modernes. Très belles épreuves, *avant la lettre*, plusieurs d'état.

LEYS (Henri)

299. Intérieur de Luther à Wittemberg (B. 11). Très belle épreuve, *avant la lettre*, tirée sur papier ancien.

300. Promenade hors les murs (12). Très belle épreuve.

301. Jeune Femme assise (18). Très belle épreuve.

302. L'Imprimeur Plantin (19). Très belle épreuve.

LHERMITTE (Léon)

303. La Veillée — Les Foins — La Fête des Archers, etc. Huit pièces. Belles épreuves.

MANET (Edouard)

304. Fleur exotique (Moreau-Nélaton 18). Très belle épreuve.

MASSALOFF (Nicolas)

305. *Les Rembrandt de l'Ermitage Impérial de Saint-Pétersbourg, 40 planches gravées par N. Massaloff.* — Leipzig, Drugulin, 1872. Très bel exempl. *signé*; épreuve sur chine, un portrait de Rembrandt par le même artiste, ajouté, cart. de publ.

306. *Dix Eaux-fortes d'après Rembrandt* — Leipzig, Drugulin, 1866. Dix pl. in-fol. sur japon, dans le cart. de publ.

MASSARD (L.)

307. Victor Hugo — Mgr Lavigerie. Deux pl. in-fol. d'apr. L. Bonnat. Très belles épreuves *d'essai*, sur japon.

MATHEY-DORET (A.)

308. Les Enfants de Charles Ier, d'après A. van Dyck. Très belle épreuve, *avant la lettre*, sur parchemin.

309. L'Enfant aux cerises, d'apr. J. Reynolds. Très belle épreuve, *avant la lettre*, sur japon.

MEISSONIER (Ernest)

310. Portraits de Meissonier. Deux pièces par Ch. Waltner. Très belles épreuves avec *remarque*, sur japon, une signée.

311. Le Sergent rapporteur (H. B. 14). Belle épreuve.

312. Il Signore Annibale (23). Belle et rare épreuve du 1er état, sur japon.

313. Les Apprêts du Duel (24). Très belle épreuve du 1er état, *avec* les essais de pointe.

314. Meissonier à cheval, tourné à droite (27). Très belle epreuve, sur japon.

315. Le Sergent, remarque du *Portrait du Sergent* (28). Très belle épreuve sur japon.

316. Bacchus, remarque du *Peintre d'enseignes* (29). Belle épreuve sur japon.

317, Le Hussard républicain (30). Très belle épreuve sur japon. Fort rare.

318. Les deux Hussards républicains, remarque de la *Partie de piquet* (31). Très belle épreuve sur japon.

319. Les Amateurs (32) — L'Aigle Impériale. Deux pièces, remarques. Belles épreuves, la seconde sur parchemin.

MEISSONIER (d'après E.)

320. Le Gal Moreau et le lieutenant Dessoles, par E. Boilvin. Deux très belles épreuves d'essai, une à l'*état d'eau-forte*. Sur japon.

321. La Partie de piquet, par Boulard. Très belle épreuve, *avant la lettre*, avec *remarque gravée par Meissonier*. Sur japon.

322. Le Joueur de flûte, par Le Rat (8). Trois épreuves d'états différents.

323. Joueur de guitare, 2 états (9) — Soldat sous Louis XIII, état (10). Trois pièces par Le Rat. Belles épreuves.

324. La Vedette, par Le Rat (11). Très belle épreuve, avec *remarques*, sur japon.

324 *bis*. L'Homme à la fenêtre, par Le Rat (14). Très belle épreuve, avec *remarque*, sur japon.

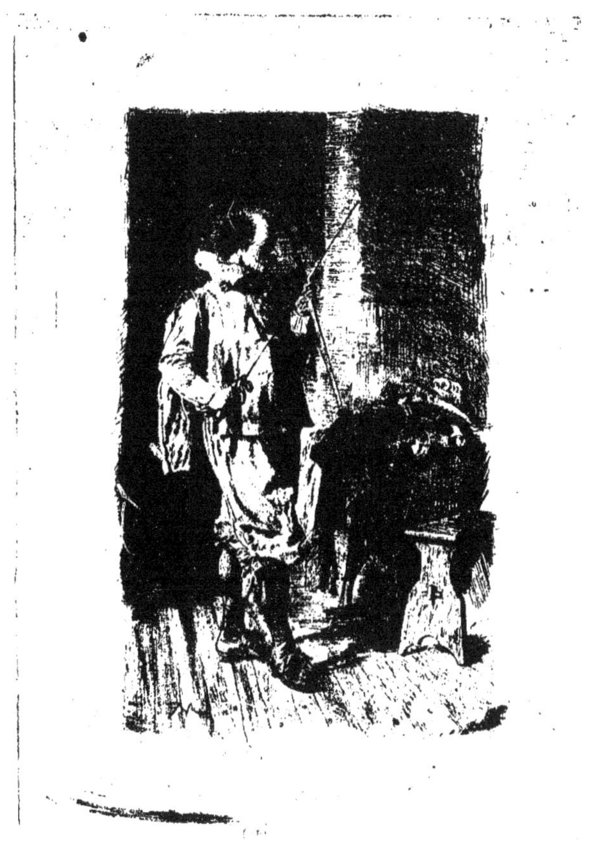

N° 313 du Catalogue.

325. Le Philosophe, par Le Rat (12). Deux tres belles épreuves sur japon, une *non terminée*, avec *croquis* en marge.

326. Le même sujet. Très belle épreuve de la 1re planche, non terminée. Très rare.

327. Une Chanson, par A. Mongin. Très belle épreuve avec *remarque*, sur parchemin.

328. L'Ordonnance, par A. Mongin, sur chine, *signée*

329. La Lecture chez Diderot, par Mongin et Monziès. Deux pièces *avant la lettre*.

330. A. Dumas fils, 2 états — Le Portrait du Sergent, 2 états — Une Chanson, 2 états. Six pièces par A. Mongin. Belles épreuves.

331. Le Liseur assis, appuyé sur le coude, par Rajon (8). Très belle épreuve d'essai.

332. Le Liseur debout, à la fenêtre, par Rajon (14). Très belle épreuve, *avant la lettre*.

333. La Confidence, par H. Vion. Très belle épreuve, *avant la lettre*, sur japon.

334. Le petit Liseur — Le Peintre — Un Gentilhomme, etc. Six pièces par Le Rat, Rajon, etc. Belles épreuves, *avant la lettre*.

335. Six pièces par Rajon, Duvivier, etc., *avant la lettre*.

336. Six pièces par Monziès, Le Rat, Hédouin, etc., *avant la lettre*.

337. Sept pièces par De Mare, Le Rat, etc., *avant la lettre*.

MERCURI (P.)

338. Maintenon (Mme de), d'apr. Petitot. Très belle épreuve, sur chine.

MERYON (Charles)

339. Meryon, d'apr. Bracquemond — Ministère de la Marine (la lettre non encrée) — La Pompe Notre-Dame. Trois pièces.

MIGNON (Abel)

340. Les Conscrits, d'apr. Dagnan-Bouveret, 2 épr.

MILIUS (F.)

341. Sujet religieux — Portraits — La jeune Mère, 5 pl. d'apr. Vinci, Français, Orchardson, etc., en épreuves d'essai.

342. Vingt-six pièces d'après Velasquez et Rubens, notamment. Belles épreuves, *avant la lettre*, plusieurs d'état.

MILLET (J.-F.)

343. La Bouillie (L. Delteil 17). Belle épreuve.

344. La Fileuse auvergnate (20). Belle épreuve.

345. Vingt-cinq pl. par Courtry, Hédouin, Le Rat, etc., *avant la lettre*.

MILLET (J.-B.)

346. Le Village au bord de la mer. Très belle épreuve.

MONGIN (A.)

347. Portrait de M. X* d'apr. Orchardson, 2 états (57) — Orchardson (Mme) (58). Trois pièces. Très belles épreuves, *avant la lettre*.

348. Sujets divers et Portraits. Douze pl. *avant la lettre*.

349. Sujets divers et Portraits. Douze pl. *avant la lettre*.

MONZIES (Louis)

350. Vingt-deux pièces d'après divers artistes. Très belles épreuves, *avant la lettre*, plusieurs d'état.

MOREAU, HUET, St AUBIN (d'après)

351. Vingt pièces par Lalauze, Champollion, Gaucherel, etc. Belles épreuves, *avant la lettre*.

NANTEUIL (Célestin)

352. Son portrait, par Hédouin — Titres de romances et sujets. Trente-huit pièces.

PATRICOT (J.)

353. Portrait de jeune Femme, d'apr. un peintre anglais. In-fol. Très belle épreuve d'état, sur japon.

PETIT (Léonce)

354. Scènes drolatiques. Douze compositions pour assiettes. Très belles épreuves. Rares.

PISSARO (C.)

355. Le Village. Vernis mou. Très belle épreuve.

PORTRAITS

356. Hugo (V.) — Musset (A. de) — Vigny (A. de) — Coppée (F.) — Banville (Th. de) — Béranger — Michelet, etc. Vingt petites pièces par Boilvin, Rajon, Buhot, Lenain, etc. Belles épreuves, *avant la lettre* (sauf deux).

RAJON (Paul)

357. Lady Crewe, d'apr. Humphrey (100). Très belle épreuve, *avant la lettre*, sur japon.

358. Blue-boy, d'apr. Gainsborough (102). Très belle épreuve, avec les *remarques*, sur japon.

359. Rose (Susanna), d'apr. Sandys (148). Très belle épreuve.

360. Barbey d'Aurevilly (134) — Dumas père (121) — — Gautier (Théophile), épr. *avant la décoration* (122) — Hugo (V.) — Vuillemot (130). Cinq pièces. Très belles épreuves, *avant la lettre*, sur japon.

361. Boilvin (Em.) — Tourgueneff — Pasca (Mme) — Sale (W^{m}) — Coppée (F.), etc. Treize portraits, *avant la lettre*. Très belles épreuves.

362. Sujets divers et Vignettes, 16 pl. *avant la lettre*.

363. Dix-sept pièces, d'après P. Véronèse, Rembrandt, Steen, Metzu, Turner, etc., *avant la lettre*, plusieurs sur parchemin et japon.

RAMUS (E.)

364. Portraits et sujets divers, 10 pl. *avant la lettre*.

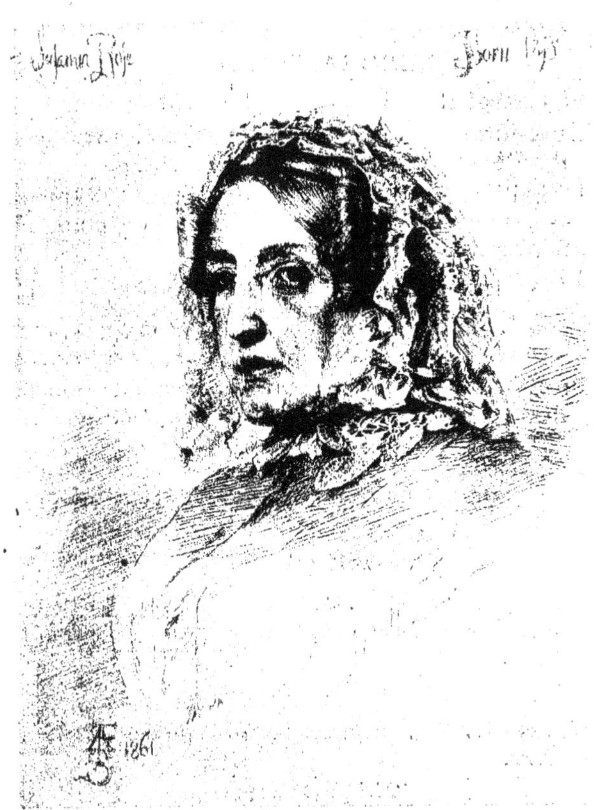

N° 359 du Catalogue.

REMBRANDT (d'après)

365. Douze pièces par Waltner, Massaloff, Lalauze, Unger, etc. Belles épreuves, la plupart *avant la lettre.*

RENOUARD (Paul)

366. Le Charpentier. Deux états différents.

367. Eaux-fortes sur l'Opéra. Couverture, titre de la 1re série et sept pl. Très belles épreuves.

368. La Laitière — La Grand'Mère — Etudes d'Enfants — Etude de Danseuses — Croquis de poussins. Sept pièces. Belles épreuves.

REYNOLDS (d'après sir Joshua)

369. Portraits. Cinq pièces par Rajon, Mongin, Laguillermie. Très belles épreuves, *avant la lettre.*

370. Portraits. Cinq pièces par A. Jacquet, Lalauze, Courtry. Très belles épreuves, *avant la lettre.*

RIBOT (Th.)

371. Une grande Douleur — Scènes de cuisiniers — Tête de juge, 5 pièces.

ROUSSEAU (d'après Th.)

372. Paysages. Treize pièces par Brunet-Debaisnes, Greux, Flameng, etc. Belles épreuves, *avant la lettre.*

RUET (L.)

373. Sujets divers et Vignettes. Sept pièces *avant la lettre.*

SOMM (Henry)

374. Almanachs pour 1879, 1881, 1882. Trois pièces. Belles épreuves.

THAULOW (Fritz)

374 *bis.* Hiver en Norvège. Superbe épreuve *imp. en couleurs, signée et numérotée.*

374 *ter.* Le Transatlantique. Superbe épreuve *imp. en couleurs, signée et numérotée.*

TOUDOUZE (E.)

375. Les Anges gardiens, 2 états — **La Châtelaine** — Pêcheurs, etc. Cinq pièces. Très belles épreuves.

TOUSSAINT (H.)

376. Vues de Paris et de Rouen — Sujets divers. Treize pièces. Belles épreuves, *avant la lettre.*

TROYON (d'après C.)

377. Dix-huit pièces par Courtry, Waltner, Lalauze, etc., *avant la lettre.*

UNGER (W.)

378. Heythuysen (van), d'apr. F. Hals. Très belle épreuve, avec *remarque*, sur japon.

VEYRASSAT (J.)

379. *Eaux-fortes par J. Veyrassat*, suite complète de 20 pl.

VION (Henri)

380. Elisabeth de France, d'après Rubens — L'Homme à la ceinture de cuir, d'apr. G. Courbet. Deux pièces. Très belles épreuves *d'essai*, sur japon.

381. La Vierge et l'Enfant Jésus, d'apr. Memling — Jeune Seigneur, d'apr. L. Cranach — Portraits — Remarques, d'apr. Meissonier. Six pièces. Belles épreuves *avant la lettre*, trois sur parchemin ou japon.

WALTNER (Ch. Alb.)

382. Vicq (B[on] de), d'apr. Rubens (B. 1). Très belle épreuve d'essai.

383. Vridags van Vallenhoven et sa Femme. Deux pièces, d'apr. Ravesteyn (6-7), *avant la lettre*, sur japon.

384. L'Etude, d'apr. H. Fragonard (11). Deux très belles épreuves, une à *l'état d'eau-forte.*

385. Portrait d'Homme âgé, d'apr. Jordaens (13) — Lépicié, d'apr. lui-même (10) — Duquesnoy (F.), d'apr. Van Dyck (21). Trois pièces. Très belles épreuves, *avant la lettre*, sur japon.

386. Mlle Masson, d'apr. Dubois (50). Très belle épreuve *d'essai*.

387. Millais (81) — Mme Bischoffsheim (82) — Gardien de la Tour de Londres (83) — Forbidden Fruit (87) Quatre pl. *avant la lettre*, d'apr. Millais.

388. Graham (Miss), d'apr. Gainsborough (105). Belle épreuve *d'essai*, sur japon.

389. Evelina, d'apr. R. Cosway (106). Très belle épreuve *d'essai*, tirée en bistre.

390. Lady Camden, d'apr. J. Reynolds (107). Très belle épreuve *d'essai*, sur parchemin.

391. Le Doreur, d'apr. Rembrandt (113). Très belle épreuve *d'essai*, sur japon.

392. L'Amour et Psyché, d'apr. Baudry (122). Très belle épreuve, *avec remarque*.

393. Portrait de Femme, d'apr. Gainsborough ? Très belle épreuve *d'essai*.

394. Portrait de Femme, d'apr. Gainsborough ? 2 états. Très belles épreuves.

395. Sujets divers, d'apr. Rubens et Van Dyck. Sept pièces, *avant la lettre*, deux sur parchemin.

396. Onze pièces, d'apr. Holiday, Courbet, Maignan, etc., *avant la lettre*.

397. Treize pièces, d'apr. Bonnat, Henner, Murillo, etc., *avant la lettre*.

398. Dix pièces, d'apr. Crivelli, Henner, Besnard, etc., *avant la lettre*, plusieurs d'état.

WARD (d'après W.)

399. Portrait de Femme, par Lalauze. Très belle épreuve, avec *remarque*, sur japon.

WATTEAU (d'après Ant.)

400. Sujets divers. Neuf pièces par Rajon, Champollion, Milius, etc. Belles épreuves, *avant la lettre*.

Imprimerie Frazier-Soye, 153-157, Rue Montmartre

www.ingramcontent.com/pod-product-compliance
Ingram Content Group UK Ltd.
Pitfield, Milton Keynes, MK11 3LW, UK
UKHW021315190726
13839UKWH00007B/1871